# ORIGAMI-SPASS FÜR KINDER

## Dinosaurier selbst falten

Mit 18 Origami-Papierblättern

Leopold Stocker Verlag
Graz – Stuttgart

Umschlaggestaltung: Werbeagentur Rypka GmbH, A-8143 Dobl, www.rypka.at

Titelbild: Geoff Dann
Bildnachweis: Geoff Dann

Titel der englischen Originalausgabe:
Mari Ono & Hiroaki Takai. Fun Origami for Children. Dino! 12 Daring Dinosaurs to Fold. Text © Copyright Mari Ono und Hiroaki Takai 2017. Design und Fotografien © Copyright CICO BOOKS 2017, an imprint of Ryland Peters & Small Ltd.

Aus dem Englischen ins Deutsche übertragen von Nina Schön.



**Bibliografische Information der Deutschen Nationalbibliothek**
Die Deutsche Nationalbibliothek verzeichnet diese Publikation in der Deutschen Nationalbibliografie; detaillierte bibliografische Daten sind im Internet unter http://dnb.d-nb.de abrufbar.

Hinweis: Dieses Buch wurde auf chlorfrei gebleichtem Papier gedruckt. Die zum Schutz vor Verschmutzung verwendete Einschweißfolie ist aus Polyethylen chlor- und schwefelfrei hergestellt. Diese umweltfreundliche Folie verhält sich grundwasserneutral, ist voll recyclingfähig und verbrennt in Müllverbrennungsanlagen völlig ungiftig.

**Auf Wunsch senden wir Ihnen gerne kostenlos unser Verlagsverzeichnis zu:**
Leopold Stocker Verlag GmbH
Hofgasse 5/Postfach 438
A-8011 Graz
Tel.: +43 (0)316/82 16 36
Fax: +43 (0)316/83 56 12
E-Mail: stocker-verlag@stocker-verlag.com
www.stocker-verlag.com

ISBN 978-3-7020-1687-6



Satz: Werbeagentur Rypka GmbH, A-8143 Dobl, www.rypka.at
Printed in China

# Inhaltsverzeichnis

Willkommen in der Welt des Origami! 4

**Scutosaurus** 6

**Anchiceratops** 7

**Dunkleosteus** 8

**Icaronycteris** 9

**Ichthyosaurus** 10

**Apatosaurus** 12

**Brachiosaurus** 14

**Mosasaurus** 16

**Velociraptor** 18

**Supersaurus** 21

**Triceratops** 24

**T-Rex** 28

Über die Autoren 32

Bezugsquellen 32


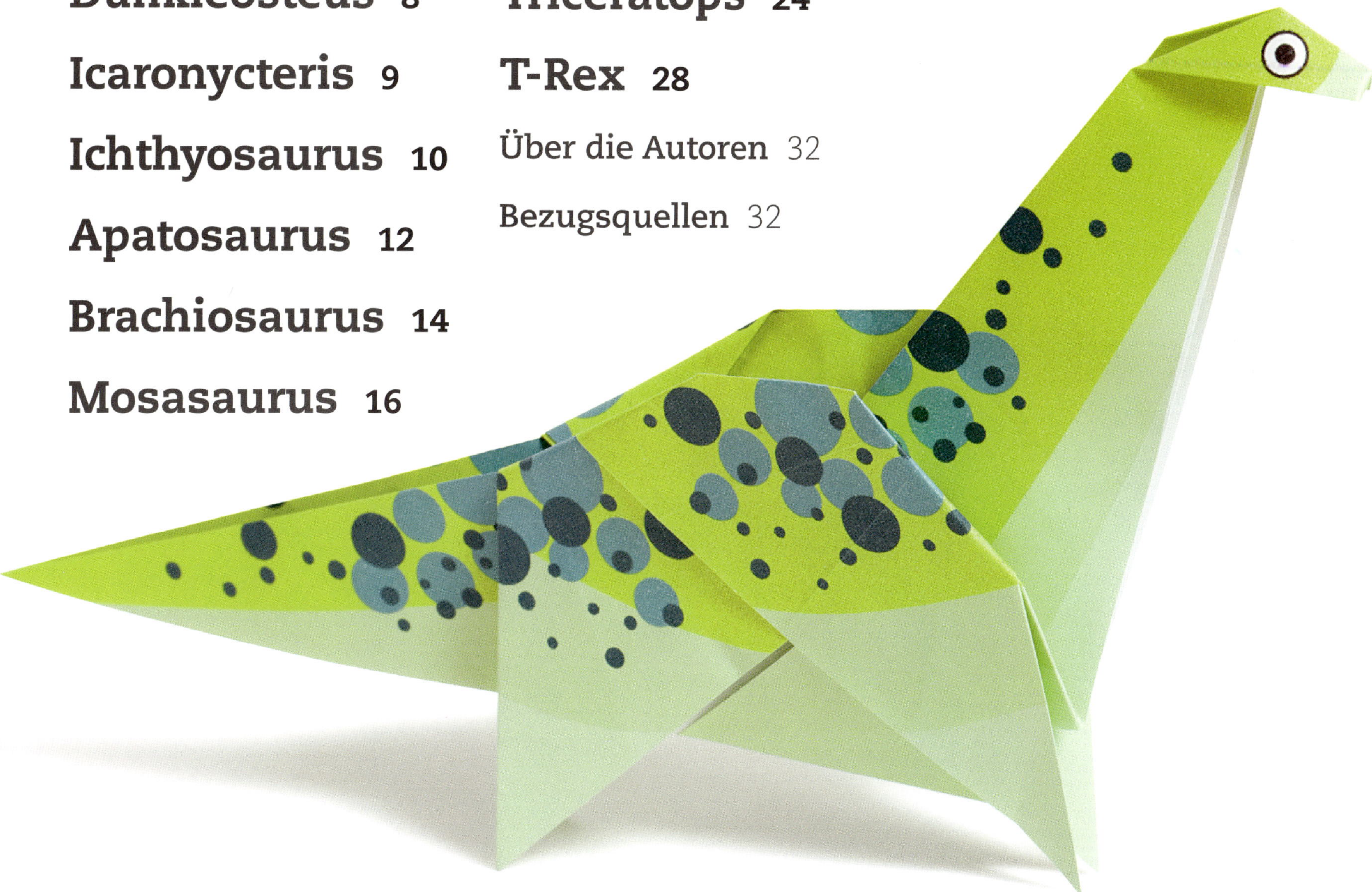

# Willkommen in der Welt des Origami!

Hier ist eine Sammlung aus 12 lustigen Papierdinosauriern, die du entweder alleine oder mit einem Erwachsenen basteln kannst, wenn du das lieber möchtest. Fang mit einer leichten Arbeit an und lerne ein paar grundlegende Falttechniken, bevor du zu etwas Anspruchsvollerem übergehst. Du wirst schnell merken, wie du die Fähigkeiten erlernst, die die Japaner seit Jahrhunderten anwenden und Figuren falten, auf die sogar Origami-Meister stolz wären. Origami macht riesigen Spaß und wir hoffen, dass es dir gefällt, die Figuren zum Leben zu erwecken!

## Erklärung der Pfeile

**Falten**
Den gezeigten Teil des Papiers in diese Richtung falten.

**Faltrichtung**
Falte das ganze Papier in diese Richtung.

**Öffnen**
Das Papier öffnen und wieder in die gezeigte Richtung falten.

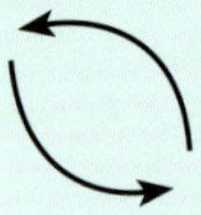

**Position um 90° ändern**
Drehe das Papier um 90° in die gezeigte Richtung.

**Position um 180° ändern**
Drehe das Papier um 180°.

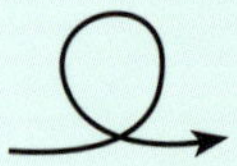

**Umdrehen**
Drehe das Papier um.

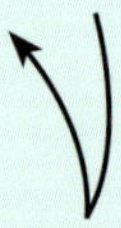

**Einen Knick (Bruch) falten**
Das Papier in Pfeilrichtung falten und dann wieder öffnen.

## Halte nach den Dinos Ausschau!

Fang an mit Level 1!

Weiter geht's mit Level 2!

Erreiche Perfektion mit Level 3!

## Grundlegende Techniken

Origami ist ein ganz einfaches Handwerk, für das man nur eine ruhige Hand und ein bisschen Geduld benötigt. Mach dich mit diesen leichten Tipps vertraut, bevor du mit deiner ersten Figur beginnst, damit sie auch wirklich gelingt.

**Falten** So klar und gleichmäßig zu falten, wie möglich, ist der Schlüssel zu Figuren, die so aussehen wie auf den Bildern – das ist der einzige Trick dahinter!

**1** Pass beim Falten auf, dass das Papier genau so liegt, wie du es möchtest, Ecke auf Ecke.

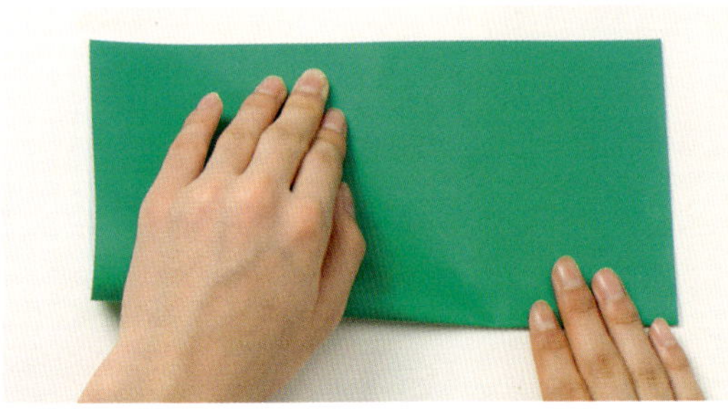

**2** Wenn du einen Knick (Bruch) faltest, achte darauf, das Papier ruhig zu halten, damit die Kante gerade wird.

**3** Halte das Papier mit deiner freien Hand fest und verwende ein Lineal oder die Seite eines Bleistifts, um den Knick (Bruch) so flach wie möglich hinunterzudrücken.

**Knicke öffnen** Manchmal musst du einen Knick (Bruch) öffnen und das Papier wieder falten, sodass es eine neue Form erhält, wie bei dem hier gezeigten Dreieck.

**1** Die Lasche, die geöffnet werden soll, abheben und beginnen, die beiden Seiten auseinanderzuziehen.

**2** Wenn der Abstand größer wird, musst du darauf achten, dass der obere Punkt sich korrekt faltet; verwende dafür einen Bleistift, um das Papier vorsichtig zu heben.

**3** Während die beiden Ecken sich voneinander trennen, kippt die Spitze nach vorne und die beiden Kanten öffnen sich und werden zu einer.

**4** Drück die neuen Knicke nach unten, um die beiden neuen winkeligen Seiten des Dreiecks zu falten.

**Knicke umkehren** Um einen Knick (Bruch) umzukehren, musst du deine Figur vorsichtig öffnen und einen Teil des Papiers wieder zurück in sich selbst falten. Das kann knifflig sein, weshalb du zuerst auf einem Papierrest üben solltest.

**1** Um die Spitze zurück in sich selbst zu bringen, falte sie zuerst nach hinten, sodass eine scharfe Kante entsteht.

**2** Bring die Spitze zurück in ihre ursprüngliche Position und öffne die Figur. Falte diese Nase entlang der eben gefalteten Kante wieder nach hinten.

**3** Wenn du die Figur wieder schließt, hat die Spitze sich umgekehrt und ist nun flach.

Wenn du eine Schere verwendest, bitte einen Erwachsenen um Hilfe!

# Scutosaurus

Der Scutosaurus, der auf Deutsch „Schild-Echse“ heißt, hatte knöcherne Panzerplatten direkt unter seiner Haut, einschließlich seiner Wangenknochen, die sehr groß waren. Obwohl er ein kämpferisches Äußeres hatte, war er ein langsamer Dinosaurier und ein leichtes Ziel für Jäger.

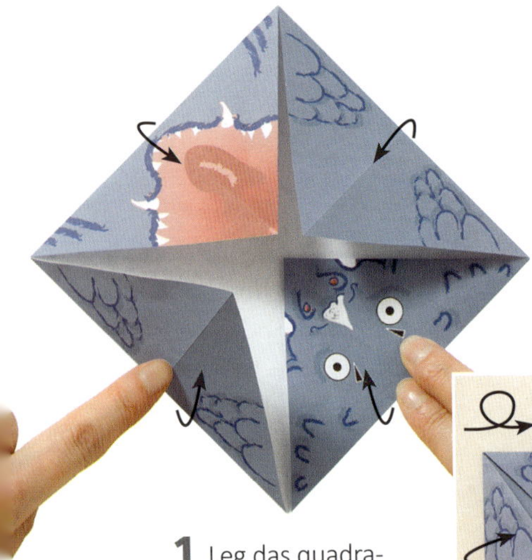

**1** Leg das quadratische Blatt Papier (25 cm) mit dem Muster nach unten hin. Falte die Ecken in die Mitte, dann dreh es um und falte die Ecken erneut nach innen.

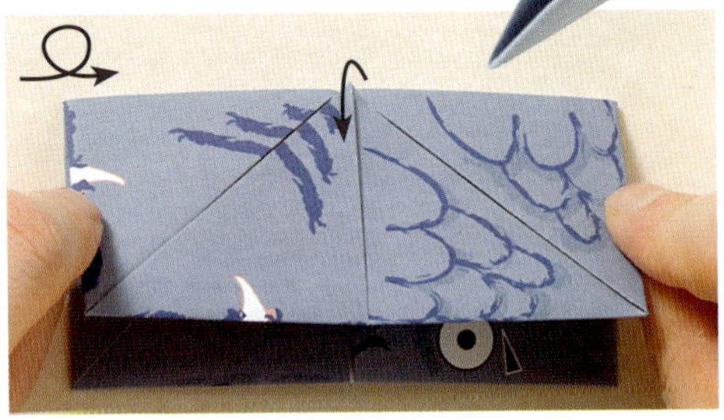

**2** Dreh das Papier um und falte die Oberkante entlang des Mittelbruchs nach vorne.

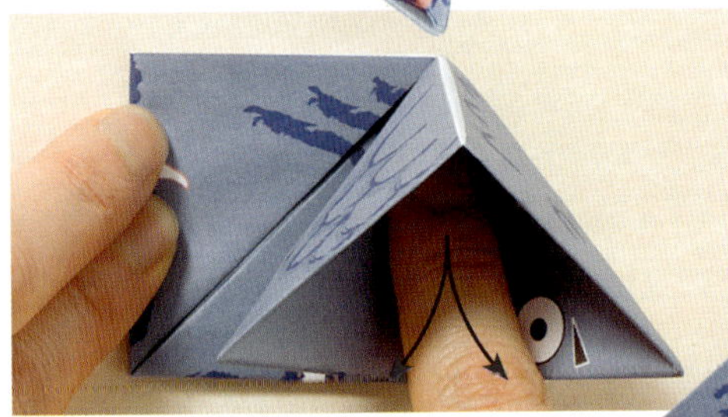

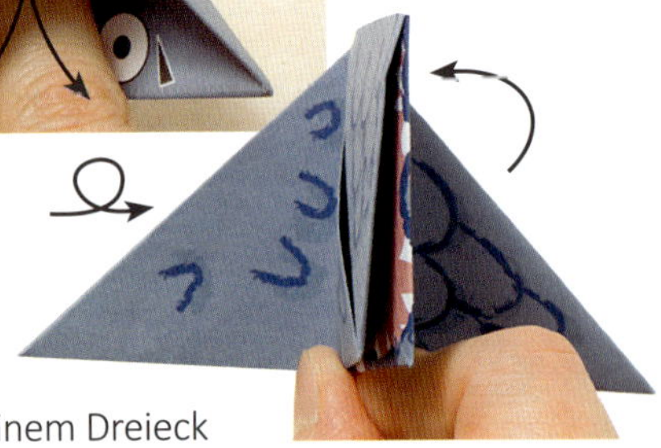

**3** Hebe die Figur an der rechten Seite an, dann drück die rechte obere Ecke nach vorne, sodass du die Lasche zu einem Dreieck umkehrst. Umdrehen und wiederholen.

**4** Heb das Papier hoch, sodass die Figur sich leicht öffnet.

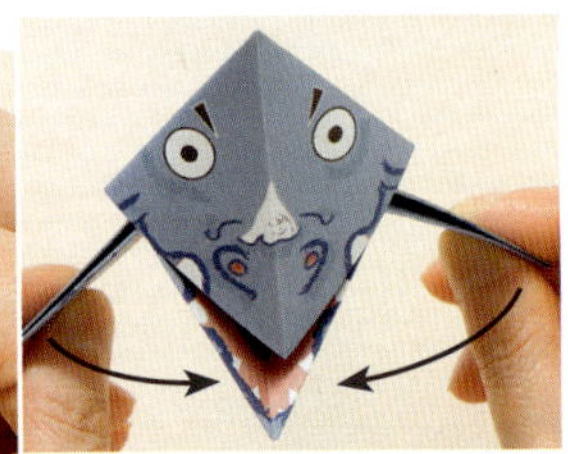

**5** Drück den innenliegenden Kopf von der oberen Spitze aus nach hinten, sodass entlang der breitesten Stelle ein Bruch entsteht, und hol die Lasche darunter hervor. Falte die anderen beiden Laschen nach vorne, um die Unterlage für den Kopf zu formen

**Mampf!** Der Scutosaurus konnte nicht kauen – stattdessen schluckte er Steine, um das Futter in seinem Bauch zu zerkleinern.

# Anchiceratops

Der Anchiceratops („Horngesicht“) lebte vor etwa 72 Millionen Jahren in Nordamerika. Teil seines Schädels war sowohl ein großer Schild, der den oberen Teil seines Kopfes schützte, als auch ein Paar starke Hörner. Wenn du deine Figur gebastelt hast, kannst du sein Maul öffnen und wieder schließen. So ein großes Maul zu haben, war sehr praktisch für den Anchiceratops, denn er war ein sehr gefräßiger Dino!

**1** Leg das quadratische Blatt Papier (25 cm) mit dem Muster nach unten hin. Falte das Papier von einer Ecke zur anderen, um einen Bruch zu erhalten, und öffne es wieder. An den anderen Ecken wiederholen. Nun die Ecken in die Mitte falten, sodass sie einander treffen. Die Ecken erneut nach innen falten.

**2** Drehe das Papier um und schiebe die oberen Kanten nach innen, sodass sie entlang der Mitte der Figur verlaufen. Heb die Figur an und lass die losen Laschen flach oben liegen.

**3** Falte die Spitze der Figur nach vorne, sodass die Faltlinie entlang der breitesten Stelle der Figur verläuft, und lass die obere Lasche von der Hinterseite der Figur herausstehen.

**4** Dreh die Figur um und falte die lose Lasche nach oben, dann öffne die seitlichen Laschen am Rücken ein bisschen, damit der Dino stehen kann.

**Nomnom!** Der Anchiceratops war ein Omnivore – er fraß alles, was er nur finden konnte.

# Dunkleosteus

Der Dunkleosteus lebte vor etwa 280 Millionen Jahren und war einer der größten Fische, die je existierten. Er war 10 Meter lang und kräftig gebaut, mit starken Panzerplatten, aber er war auch stromlinienförmig und haiartig.

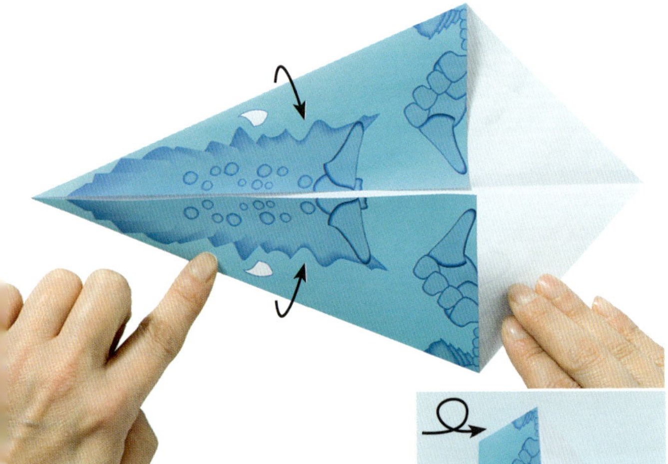

**1** Leg das quadratische Blatt Papier (25 cm) mit dem Muster nach unten hin. Falte das Papier von einer Ecke zur anderen, entlang der Länge des Designs. Wieder öffnen und die linken Ränder nach innen falten, sodass sie am Mittelbruch aufeinanderstoßen. Die Arbeit umdrehen und in der Mitte falten.

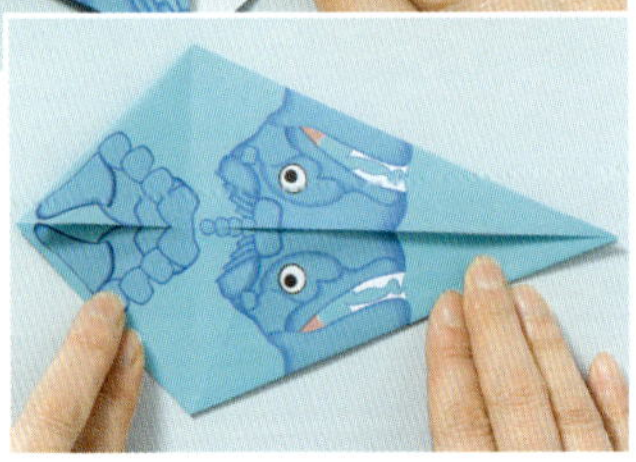

**2** Heb die Ecken der oberen Laschen an und bringe sie nach links, indem du die Falten der Laschen zu langen Spitzen umkehrst.

**3** Falte die obere Lasche von rechts nach links und biege dann die Spitze nach hinten, sodass diese auf dem senkrechten Bruch zu liegen kommt.

**4** Falte die obere und untere Spitze in die Mitte, sodass waagrechte Falten entstehen.

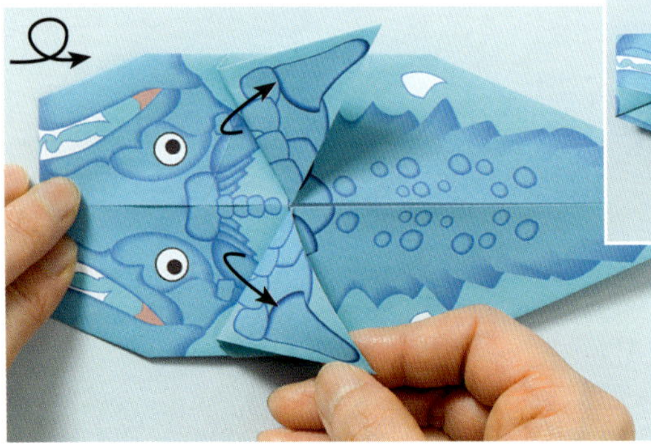

**5** Dreh die Figur um und falte diese losen Laschen schräg zurück, um die Flossen zu basteln. Dann falte die Figur einmal der Länge nach in der Mitte.

**Schnapp!** Die Kiefer des Dunkleosteus waren stark genug, um einen Hai von heute in der Mitte durchzubeißen!

# Icaronycteris

Als sehr frühes, ausgestorbenes Mitglied der Fledermausfamilie lebte Icaronycteris direkt, nachdem die letzten Dinos ausgestorben waren, vor etwa 50 Millionen Jahren. Er flog von Baum zu Baum auf der Jagd nach Beute, genau wie die modernen Fledermäuse. Wenn du deine Figur fertiggebastelt hast, wird es dir viel Spaß machen, sie fliegen zu lassen!

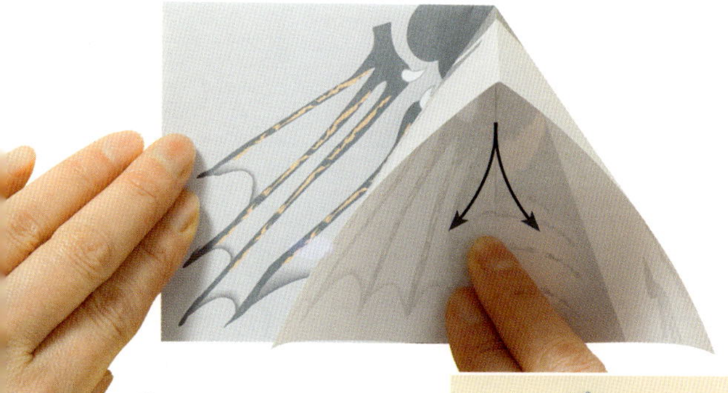

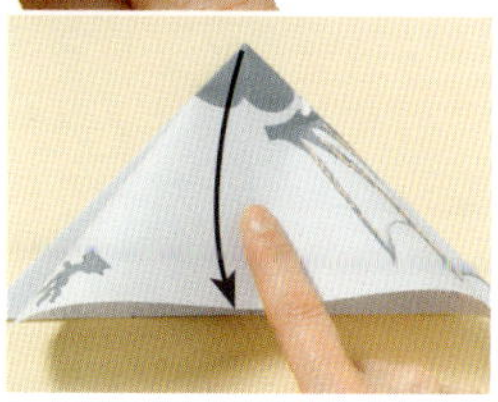

**1** Leg das quadratische Blatt Papier (25 cm) mit dem Muster nach unten hin. Falte das Papier in der Mitte. Öffnen und in die andere Richtung wiederholen. Hebe die rechte Seite hoch, öffne die Lasche und und kehre die Falte zu einem Dreieck um. Umdrehen und wiederholen.

**2** Dreh die Figur wieder um und schneide von der rechten Seite aus eine Kurve rund um das Muster an der Spitze. Schneide das Papier nicht ab, sondern lass es an der linken Kante stehen.

**3** Falte die linke, obere Lasche so, dass die Kante nun entlang des Mittelbruchs verläuft.

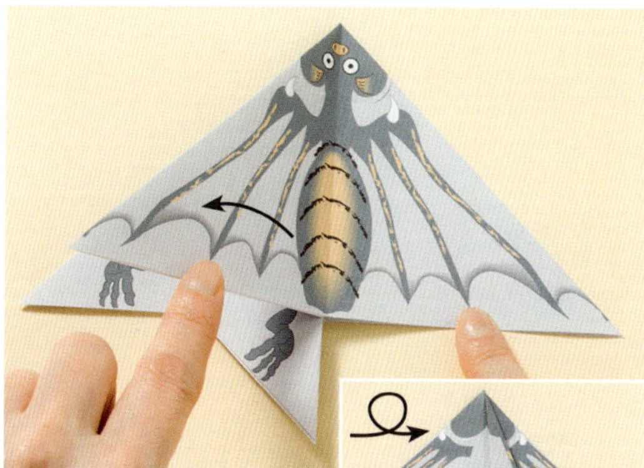

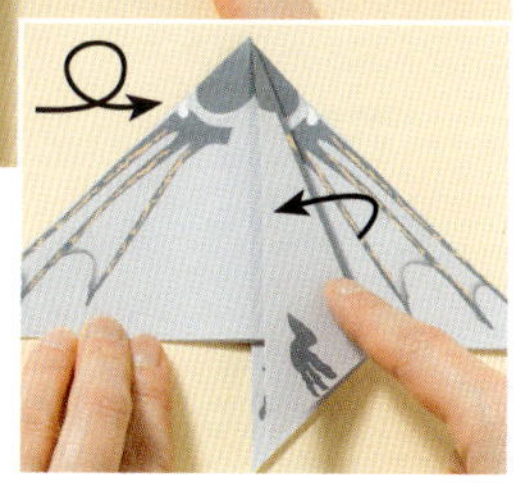

**4** Falte die obenliegende Lasche auf der rechten Seite um, sodass sie den eben gemachten Knick verdeckt. Dreh die Figur um und falte die obere Lasche der rechten Seite in die Mitte, sodass sie auf den Knick aus Schritt 3 passt.

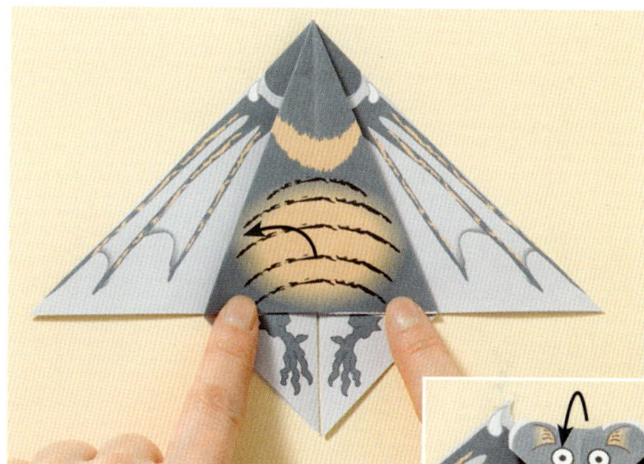

**5** Dreh die Figur um und falte die losen Laschen schräg zurück, um die Flügel zu formen. Falte die Figur dann der Länge nach in der Mitte.

**Alter Flattermax!** Als eine der frühesten Fledermäuse lebte Icaronycteris vor 50 Millionen Jahren.

# Ichthyosaurus

Der Name dieses kleinen schwimmenden Dinosauriers bedeutet „Fisch-Eidechse“. Er lebte in den Meeren rund um das heutige Europa und war der erste Dinosaurier, dessen vollständiges Fossil entdeckt wurde. Es wurde 1811 von einem zwölfjährigen Mädchen namens Mary Anning gefunden, das die Suche nach Fossilien liebte. Sie erkannte, dass die Knochen anders aussahen als die der Fische. Mary wurde die erste weibliche Geologin Großbritanniens.

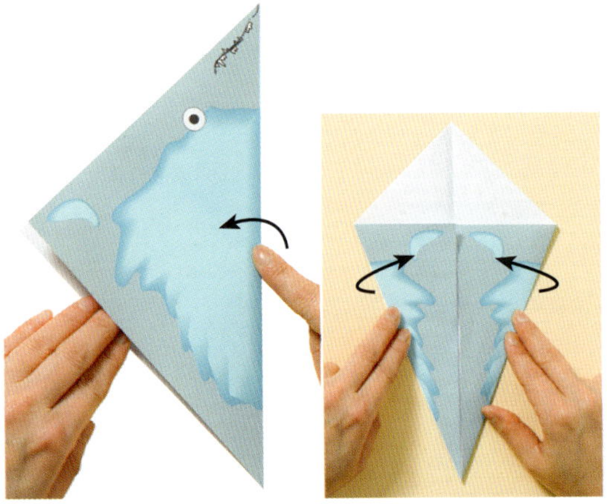

**1** Falte das quadratische Blatt Papier (25 cm) von einer Ecke zur anderen durch das Muster, um einen Mittelbruch zu erhalten. Dann öffne es wieder und falte die unteren beiden Spitzen nach innen, sodass sie entlang des Mittelbruchs aufeinanderstoßen.

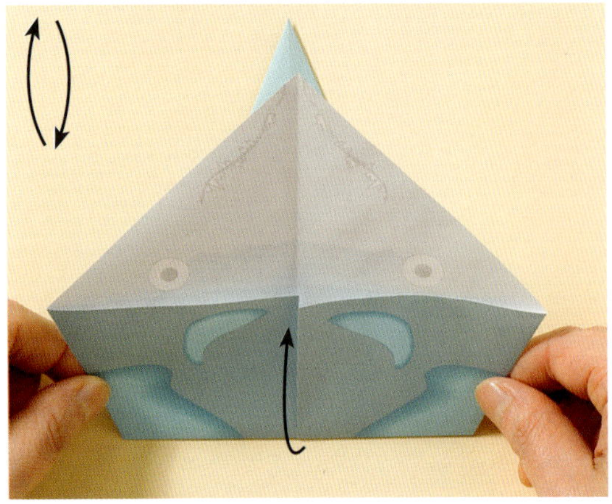

**2** Dreh das Papier auf die andere Seite und drehe es herum, dann falte die untere Ecke nach oben, sodass sie auf der Spitze zu liegen kommt.

**3** Hebe die oberen Laschen an und falte sie nach unten, sodass du sie so umkehrst, dass die Ecken nach unten zeigen.

**4** Falte die obere Lasche der Figur nach unten, sodass eine langgezogene Raute entsteht.

**5** Falte die untere Ecke zurück, sodass die Spitze auf dem waagrechten Mittelbruch liegt, und falte einen neuen Bruch.

**6** Falte ebendiese Spitze nach unten und mach so einen neuen Bruch etwa 1 cm über dem ersten.

**Pass auf!** Der Ichthyosaurus war ein grimmiger Fisch an der Spitze der Nahrungskette.

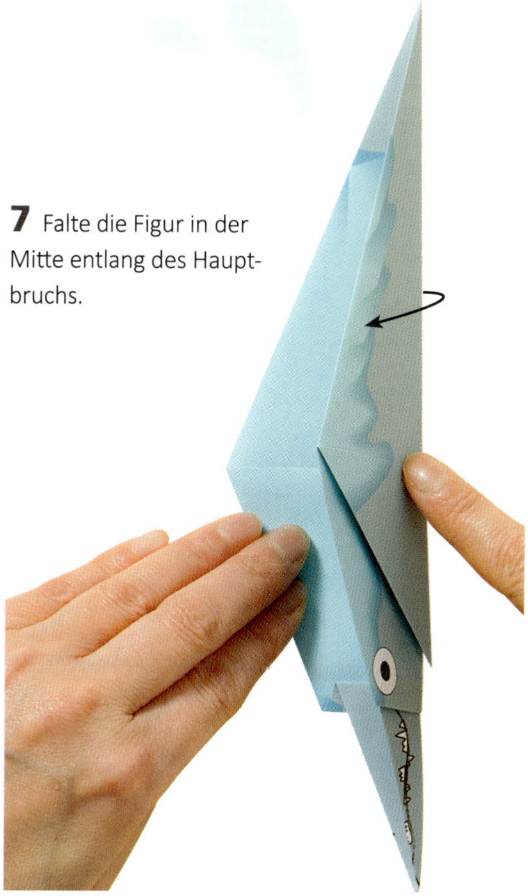

**7** Falte die Figur in der Mitte entlang des Hauptbruchs.

**8** Falte die oberen Laschen in der Mitte, um die Flossen des Dinos zu formen, und achte dabei darauf, dass die diagonale Kante nun senkrecht verläuft.

**9** Biege das Schwanzende um, sodass ein Bruch entsteht, dann öffne die Lasche und falte sie nach innen, sodass du die Faltrichtung umkehrst und der Schwanz an seinem Platz bleibt.

# Apatosaurus

Als harmloser Riese war der Apatosaurus besser bekannt als Brontosaurus. Auch wenn dieser Dinosaurier um die 23 Tonnen auf die Waage brachte und 23 Meter lang war, verbrachte er seine Tage damit, in aller Ruhe so viele Pflanzen wie möglich zu fressen. Deine Figur wird zwar nicht so verfressen, dafür aber eindrucksvoll sein!

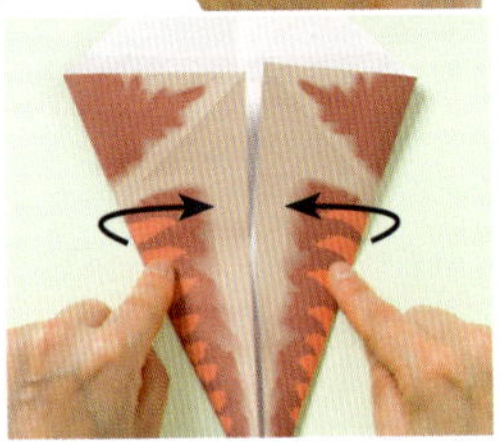

**1** Bastle zuerst den Hinterteil des Dinos. Falte das quadratische Blatt Papier (25 cm) ohne Augen von einer Ecke zur anderen, dann öffne es wieder und falte es in die andere Richtung. Öffne es wieder und falte die beiden Seiten nach innen, sodass die unteren Kanten sich entlang des Mittelbruchs treffen.

**2** Falte die untere Ecke zur Spitze, dann falte die beiden Seiten nach innen, sodass ihre Ränder entlang der Seiten der Lasche verlaufen.

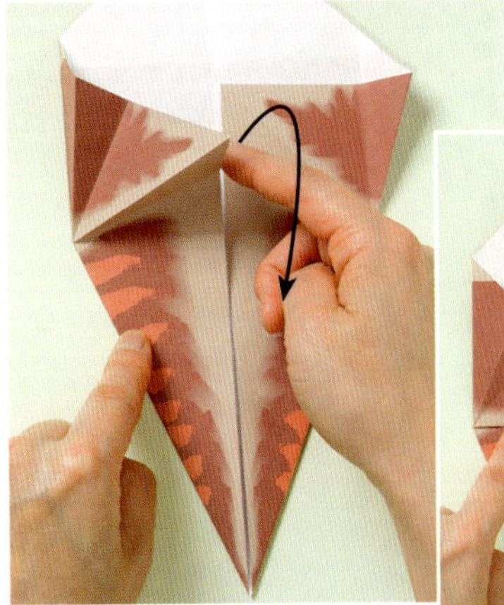

**3** Öffne die drei Knicke aus dem letzten Schritt , dann heb die linke Lasche an der Ecke an und biege sie nach unten, sodass der diagonale Bruch senkrecht wird und darunter ein neuer Bruch entsteht. Auf der rechten Seite wiederholen.

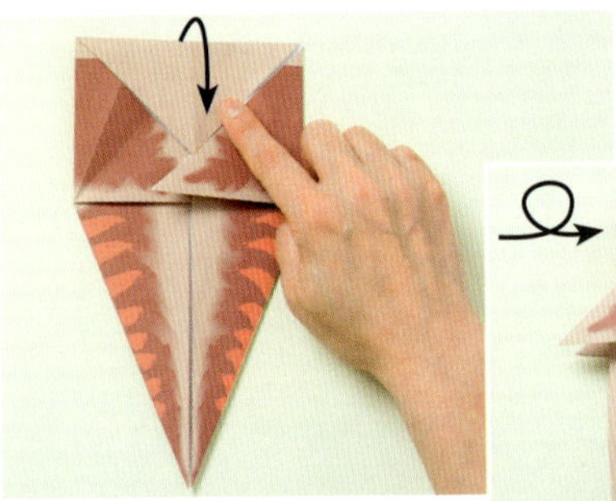

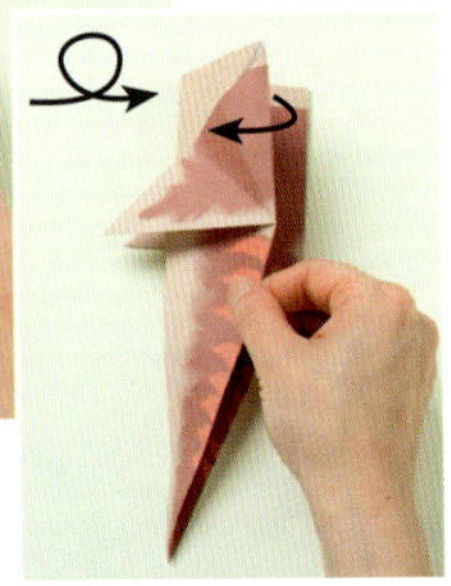

**4** Falte die Spitze nach unten, sodass sie in der Mitte der Figur zu liegen kommt, wo sich die beiden Dreiecke treffen, die du in Schritt 3 gemacht hast. So wird jegliches weiße, noch sichtbare Papier verdeckt. Um diese Hälfte der Figur fertigzustellen, dreh das Papier um und falte es entlang des Mittelbruchs in der Mitte.

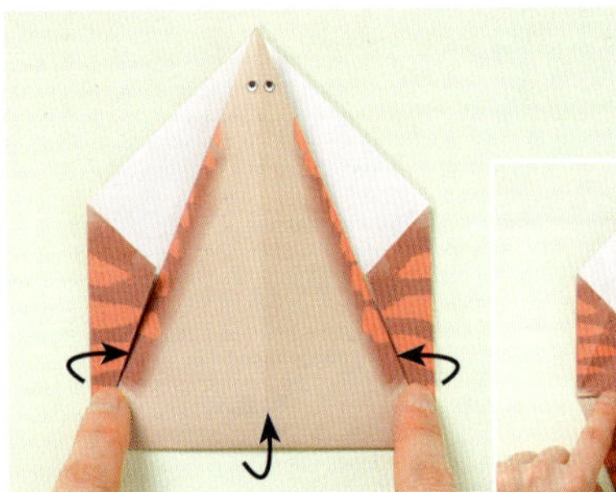

**5** Nimm das zweite Blatt Papier und wiederhole die Schritte 1–3, sodass es aussieht, wie das Foto oben und achte darauf, dass die Augen an der schmalen Spitze zu sehen sind, wenn das Papier nach oben gefaltet wird.

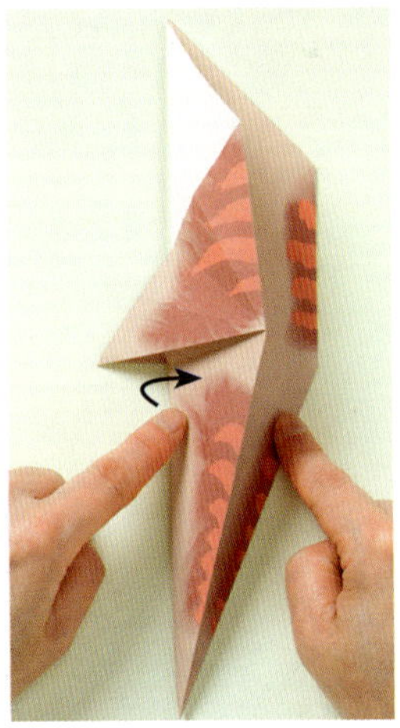

**6** Falte das Papier der Länge nach in der Mitte.

**Nicht der Hellste!** Nach der Größe seines Gehirns zu urteilen, war der gute alte Brontosaurus nicht sehr schlau.

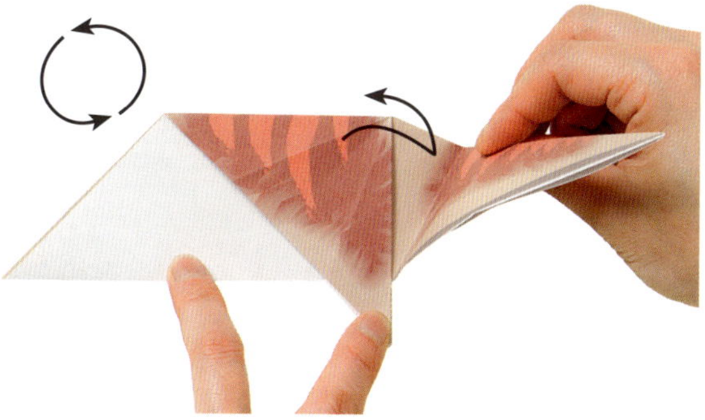

**7** Dreh das Papier um 90° herum und falte einen diagonalen Bruch entlang des Halses, indem du die lange Spitze nach oben bringst, sodass ihre Unterkante seitlich entlang der dreieckigen Lasche verläuft.

**8** Öffne das Papier vorsichtig und drück das rechte Ende zurück in den Körper, sodass du die Brüche umkehrst und die Spitze nun schräg nach oben zeigt.

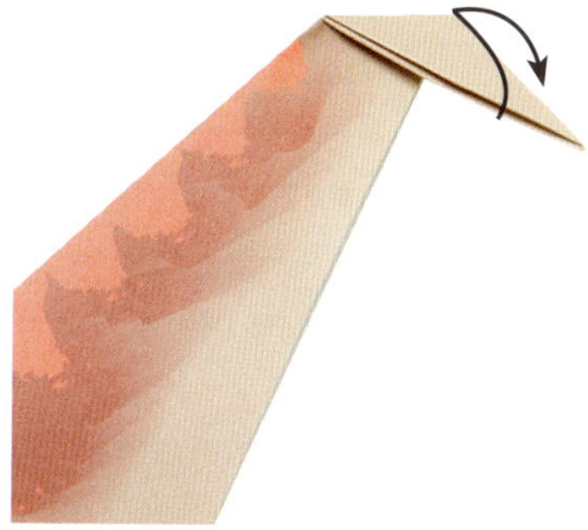

**9** Biege die Nasenspitze um und achte darauf, dass der Knick lang genug ist, sodass die Augen im nächsten Schritt zum Vorschein kommen.

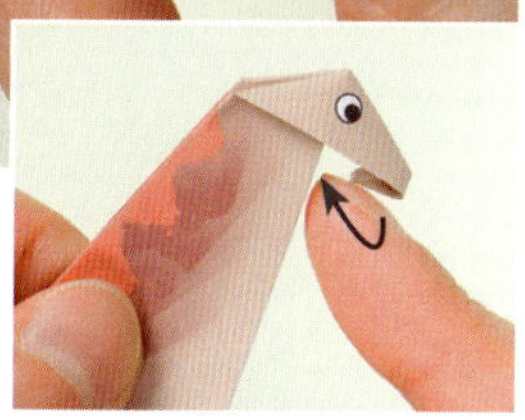

**10** Öffne das Ende des Halses und biege die Spitze um, sodass du den eben für den Kopf gefalteten Bruch umkehrst. Bringe das Ende in die Lasche, um eine abgeflachte Schnauze zu formen.

**11** Schiebe die beiden Papierteile zusammen, sodass die Vorderseite des Hinterteils in die Falten der diagonalen Laschen rutscht.

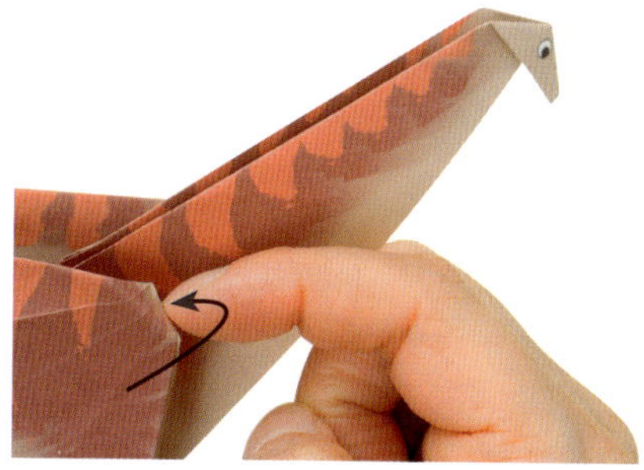

**12** Biege die oberen Ecken der vorderen Laschen um, damit die beiden Blätter zusammenhalten.

# Brachiosaurus

Mit einem Gewicht von über 70 Tonnen war dieser riesige Dinosaurier der größte und schwerste Landbewohner, der je entdeckt wurde. Er unterschied sich in einigen wichtigen Punkten von den anderen, großen pflanzenfressenden Sauriern, denn er hatte längere Vorder- als Hinterbeine und einen langen, hoch aufgerichteten Hals. Trotz seiner Größe war der Brachiosaurus ein Herbivore, er fraß nur Pflanzen.

**1** Bastle den Hinterteil des Dinos aus dem quadratischen Blatt Papier (25 cm) ohne Augen. Falte es in beide Richtungen von einer Ecke zur anderen, dann öffne es wieder und falte die Unterkanten nach innen, sodass sie entlang des Mittelbruchs aneinanderstoßen.

**2** Falte den Unterteil nach oben zur Spitze, damit ein Bruch entsteht, dann schlag die Ecken an den Seiten nach innen, sodass die Kanten entlang denen des hochgeklappten Teils verlaufen.

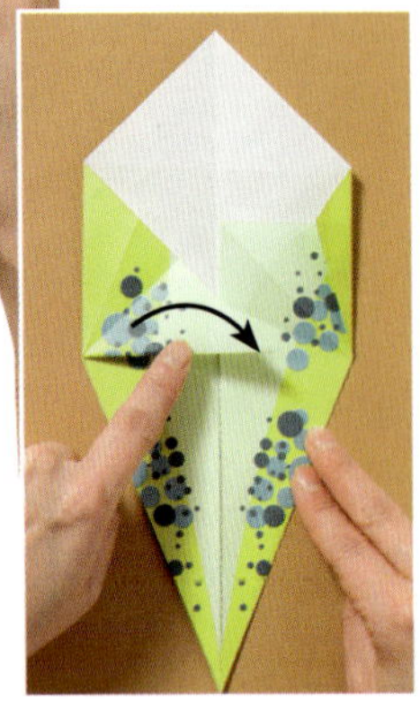

**3** Die Brüche öffnen und die linke Ecke der linken Lasche öffnen und den Bruch so umkehren, dass er ein Dreieck mit waagerechter Grundkante bildet. Auf der anderen Seite wiederholen.

**4** Die Spitze nach unten falten, sodass die Ränder entlang der bereits bestehenden Laschen verlaufen und von der Rückseite des Papiers nichts mehr zu sehen ist.

**5** Dreh das Papier um und falte die untere Spitze nach oben über die waagerechte Kante, bevor du sie etwa 2 cm von dem neuen Bruch wieder nach unten faltest. Dann die Figur der Länge nach in der Mitte falten.

**6** Nimm das zweite Blatt Papier, folge den Schritten 1–4 und achte dabei darauf, dass am Ende die Augen an der schmalen Spitze zu sehen sind.

**Gigantisch!** Der Brachiosaurus war ungefähr 30 Meter lang.

**7** Falte die Figur ohne Ziehharmonikafalte der Länge nach in der Mitte.

**8** Schlage die lange Spitze über die waagerechte Kante hinaus nach hinten und falte das Ende dann schräg zurück, sodass ein zweiter Bruch von der waagerechten Kante ausgeht.

**9** Heb das Papier an und öffne es, bevor du die lange Spitze nach hinten ins Innere schiebst, sodass die Brüche sich umkehren und der Hals nun schräg verläuft.

**10** Schiebe die beiden Teile der Figur ineinander und achte darauf, dass sie gut ineinanderpassen.

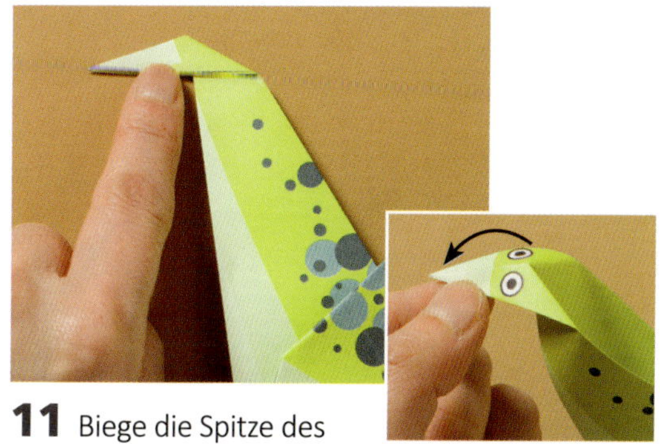

**11** Biege die Spitze des Halses um und falte einen Bruch. Öffne den Hals und schiebe die Spitze um das Äußere nach hinten, sodass der Bruch umgekehrt wird, um den Kopf zu formen. Schiebe die Spitze zurück nach innen, um die flache Schnauze zu basteln.

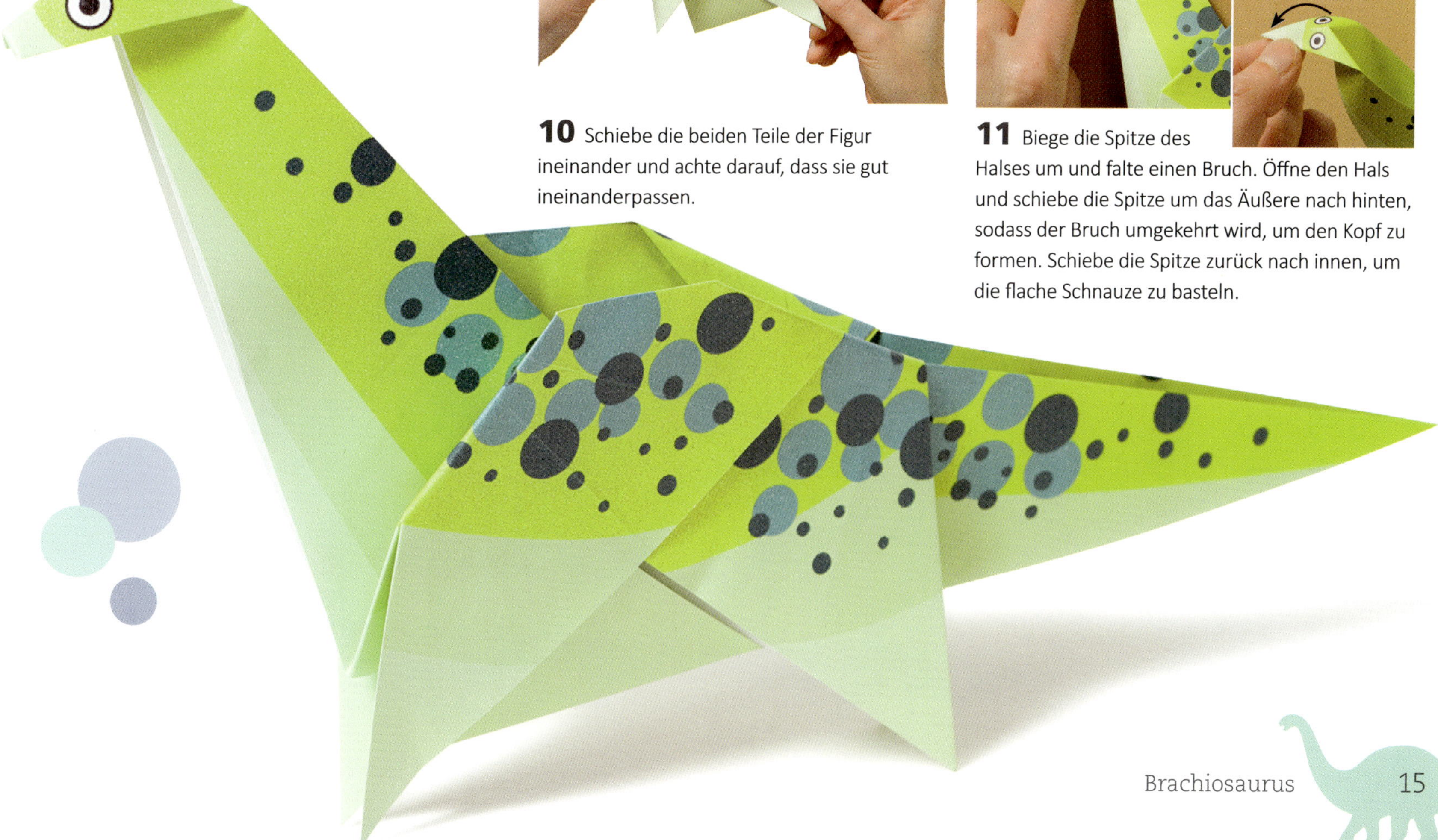

# Mosasaurus

Der fleischfressende Mosasaurus war ein Meeressaurier, der vor etwa 65 Millionen Jahren gelebt hat. Sein großer, mehr als 10 Meter langer Körper ähnelte dem der heutigen Krokodile und man glaubt, dass er entlang der Meeresoberfläche schwamm und dabei sowohl Meeresschildkröten als auch andere Meeresreptilien, Fische, Kalmare, Ammoniten (Urzeittintenfische mit Haus) und Schalentiere jagte.

**1** Falte das quadratische Blatt Papier (25 cm) ohne Augen in der Mitte, damit ein Bruch entsteht. Wieder öffnen. Die Seiten einschlagen, sodass sie sich am Mittelbruch treffen.

**2** Falte die Ecken nach innen, sodass sie am Mittelbruch aufeinanderstoßen und diagonale Brüche entstehen. Schlage diese Laschen sowohl oben als auch unten nach innen, um Brüche zu erhalten.

**3** Öffne die Laschen der Ecken und kehre sie um, indem du die Ecken, die an dem neuen Bruch liegen, zur Mitte der Figur drückst, sodass die Laschen zu Dreiecken werden.

**4** Falte die unteren beiden Laschen nach unten, sodass nun alle vier Laschen nach unten zeigen, dann falte alle vier Laschen nach innen in die Mitte, sodass die diagonale Kanten entlang des waagerechten Bruchs verlaufen.

**5** Dreh die Figur um und falte die obere Spitze entlang des waagerechten Bruchs nach unten.

**6** Schlage beide Seiten etwa 2 cm vom Rand entfernt ein, sodass neue Brüche entstehen. Falte dann die unteren diagonalen Kanten entlang der Linien, wo die Farben aufeinandertreffen.

**König der Meere!** Mosasaurus war ein großartiger Jäger – nur wenige konnten seinen Kiefern entkommen!

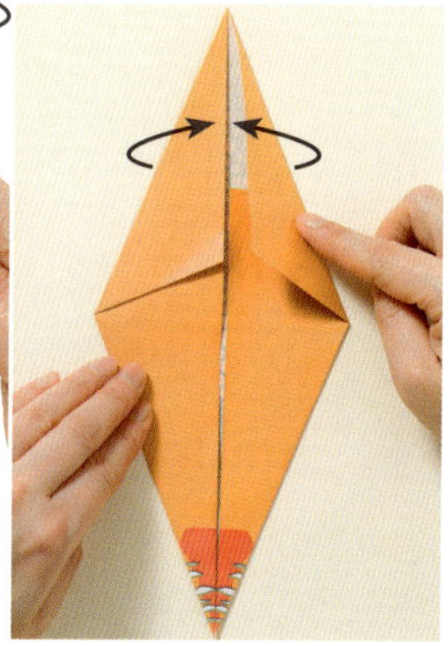

**7** Nimm das zweite Blatt Papier mit den Augen und falte es von Ecke zu Ecke in der Mitte entlang des Musters. Dann wieder öffnen und die seitlichen Ecken nach innen falten, sodass die unteren Kanten einander am Mittelbruch treffen. Mit den oberen diagonalen Rändern wiederholen.

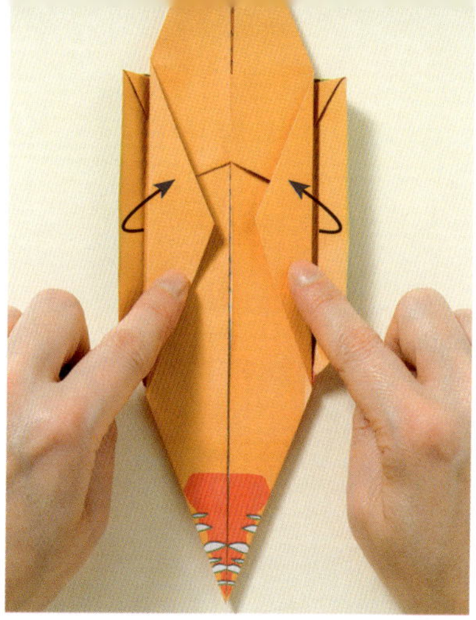

**8** Leg den zweiten Teil in den ersten und falte die Ecken an den Seiten nach innen, sodass senkrechte Ränder entstehen, die in die Faltlinien des ersten Teils hineinpassen.

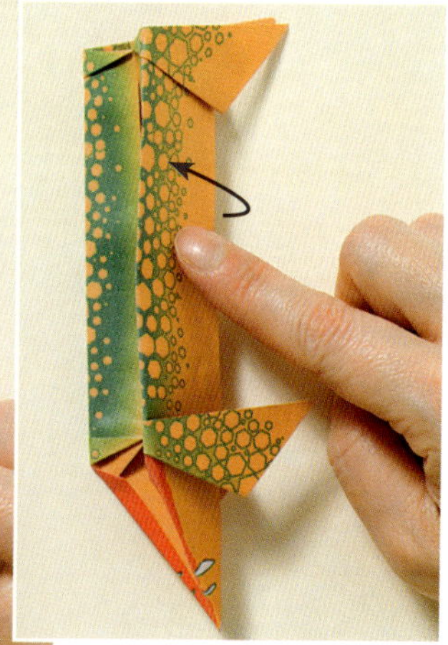

**9** Nimm die beiden Teile wieder auseinander und falte sie jeweils entlang ihres Mittelbruchs in der Hälfte.

**10** Stecke die Teile wieder ineinander und achte dabei darauf, dass die beiden diagonalen Kanten das Maul des Dinos bilden, wenn sie ineinandergesteckt sind.

# Velociraptor

Dieser leichtfüßige Dinosaurier mit gewaltigen Klauen wurde durch den Film „Jurassic Park“ berühmt. Unlängst wurden in China Velociraptor-Fossilien mit Spuren von Federn entdeckt, sodass man denkt, dass diese „gefiederten Dinos“ mit den Vögeln verwandt sein könnten. Wenn du diese Figur bastelst, achte darauf, präzise zu falten, um die perfekte Form zu erhalten.

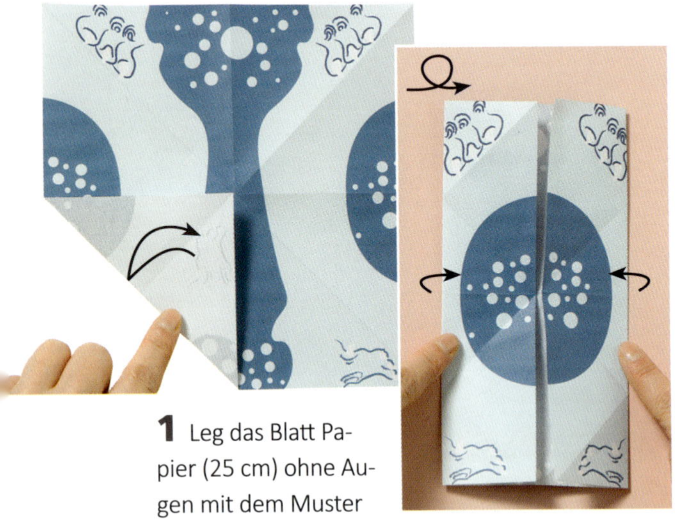

**1** Leg das Blatt Papier (25 cm) ohne Augen mit dem Muster nach unten vor dich hin. Falte es in beide Richtungen von Ecke zu Ecke und von Seite zu Seite, dann falte die Ecken in die Mitte. Wieder öffnen, drehen und die Seiten in die Mitte falten.

**2** Falte die Ober- und die Unterkante nach innen, sodass sie in der Mitte aufeinanderstoßen, hebe dann jede Lasche hoch und schieb die Ecken nach außen, sodass du sie zu Dreiecken an den Seiten umkehrst.

**3** Falte die oberen beiden Laschen nach oben, sodass die Spitzen einander oben treffen, dann falte sie schräg nach unten, sodass jeweils der gesamte Fuß zu sehen ist.

**4** Dreh das Papier um und falte die Unterkante nach oben, sodass sie entlang des Mittelbruchs verläuft, dann falte die beiden äußeren Spitzen nach oben.

**5** Nimm das zweite Blatt Papier und falte es mit dem Muster nach unten in der Mitte, dann öffne es wieder und falte es von Ecke zu Ecke durch die Mitte des Musters.

**6** Öffne das Papier wieder und falte die rechte Ecke nach innen, sodass sie die Spitze auf dem ersten Bruch aus dem vorigen Schritt zu liegen kommt und die Kante des Papiers oben in die Spitze verläuft. Die andere Seite nach innen falten, sodass die Kanten des Papiers aufeinanderstoßen.

**Geschnappt!** Der Velociraptor hatte tödliche Klauen – er erlegte seine Beute mit einem Schlag!

**7** Falte die linke Seite des Papiers nach innen, sodass die Kante entlang des Mittelbruchs verläuft.

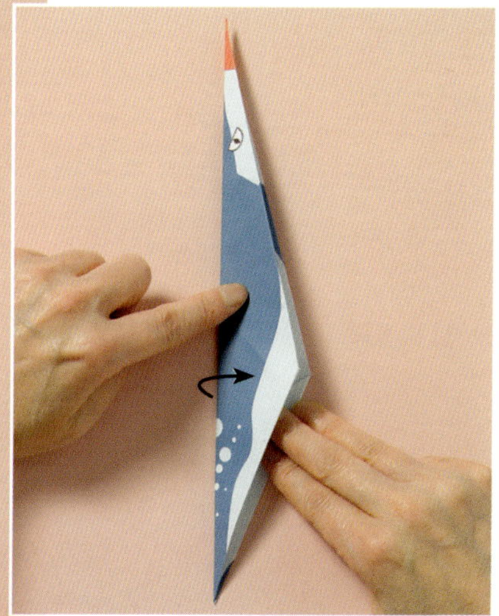

**8** Falte die unteren beiden Kanten nach innen, sodass sie ebenfalls entlang des Mittelbruchs aufeinandertreffen, dann falte das Papier in der Hälfte.

**9** Leg das zweite Blatt, wie gezeigt, auf das erste und falte den Körper des Dinos über seinen Hals und Kopf.

**10** Falte den Hals des Dinos zurück über den Rand des Körpers, sodass ein starker Bruch entsteht und öffne ihn wieder. Mach einen zweiten Knick, indem du den Kopf entlang des Körpers nach oben faltest.

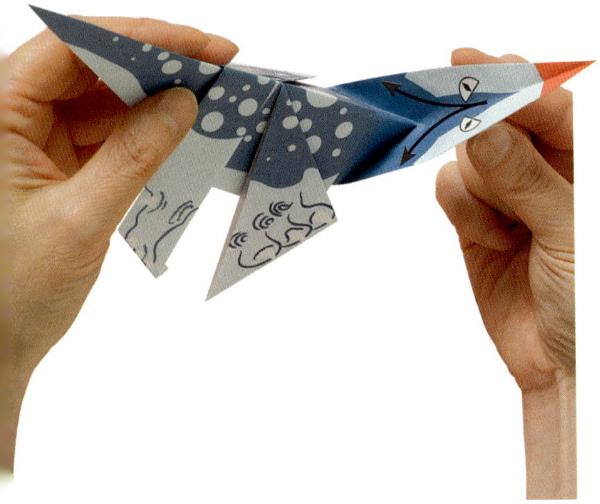

**11** Heb die gesamte Figur an und öffne sie vorsichtig, sodass du die Knicke so umkehrst, dass der Kopf senkrecht und umgekehrt sitzt.

**12** Falte den Hals nach vorne entlang der Oberseite des Dinokörpers, dann heb das Papier wieder an und kehre die Falten um, indem du den Kopf öffnest und den Hals formst.

**13** Biege die Nasenspitze nach hinten und schiebe sie in das Innere des Kopfes, um eine flache Schnauze zu formen, dann zupfe die Spitze nach unten, um die Zunge zu basteln.

# Supersaurus

Mit einer Länge von 40 Metern war dieser Dino wirklich „Supersize"! Man glaubt, der Supersaurus war der Größte aus der langhalsigen, pflanzenfressenden Diplodocus-Familie. Wie du dir vorstellen kannst, heißt, so groß zu sein, auch, den ganzen Tag zu fressen. Der Supersaurus harkte mit seinen Füßen Blätter und Pflanzen zusammen und schluckte sie im Ganzen, um das Futter so schnell wie möglich zu verschlingen.

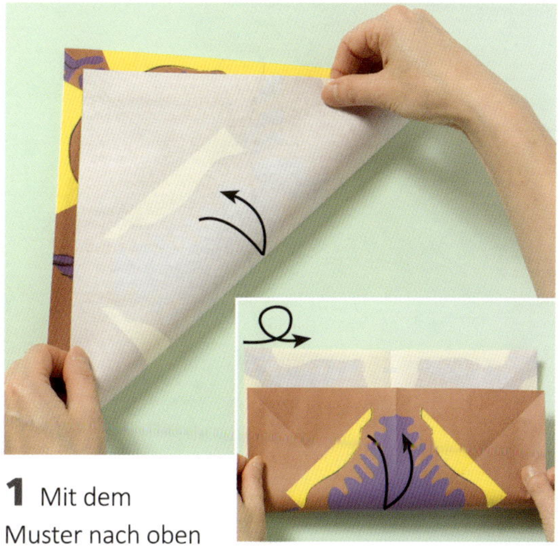

**1** Mit dem Muster nach oben das Papier (25 cm) in beide Richtungen von Ecke zu Ecke falten, dann umdrehen und von Seite zu Seite falten.

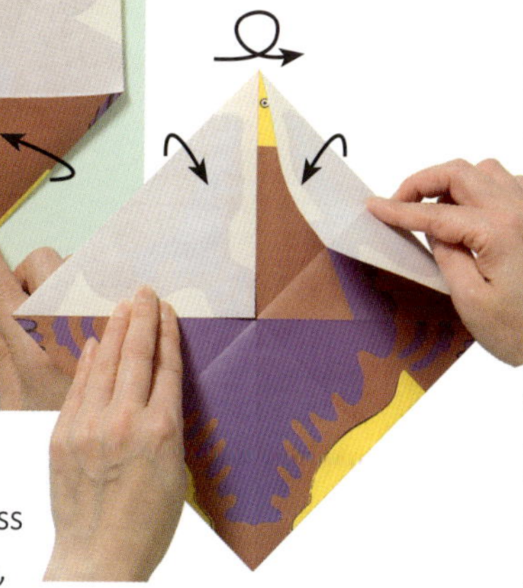

**2** Falte die beiden unteren Ecken schräg nach innen, sodass sie sich am Mittelbruch treffen, dann dreh das Papier um und falte die oberen Ecken nach vorne.

**3** Dreh das Papier wieder um und mach zwei Brüche, indem du die unteren beiden Seiten einschlägst, sodass sie einander an der Mittellinie treffen, und dann wieder öffnest.

**4** Falte nun die beiden oberen Kanten, sodass sie sich entlang des Mittelbruchs treffen, und drück sie flach.

**5** Hole die losen Laschen von hinten nach vorn, sodass oben an der Figur eine Raute entsteht, dann falte den Unterteil des Papiers nach oben, sodass ein waagerechter Bruch entsteht.

**6** Hebe die Seiten der Raute unten an und falte sie entlang des Mittelbruchs so nach oben, dass sich die Falten hinter der Raute umkehren und als Dreiecke zu liegen kommen.

**7** Falte die oberen Teile dieser Dreiecke zurück, sodass die Raute wieder zum Vorschein kommt.

**8** Falte die Oberkanten der Raute nach innen, sodass sie am Mittelbruch aufeinanderstoßen. Öffne dann diese gerade gefalteten Kanten von unten wieder und falte sie entlang des Mittelbruchs nach oben, um Dreiecke zu erhalten, die an der Figur nach unten zeigen.

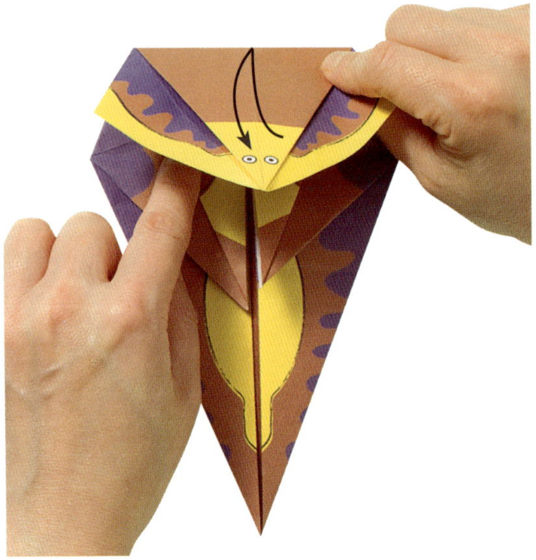

**9** Falte den Oberteil der Figur nach vorne, um einen Knick zu erhalten.

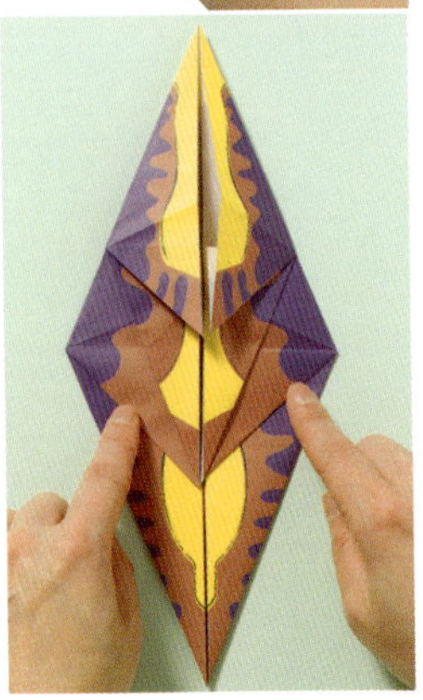

**10** Heb die waagerechte Kante der oberen Dreiecke an und ziehe sie entlang des Mittelbruchs nach unten, sodass die Falten sich umkehren.

**11** Dreh die Figur um 90° im Uhrzeigersinn, dreh sie um und falte sie in der Hälfte, sodass der Unterteil auf den Oberteil geklappt wird.

**12** Mach einen Knick am rechten Ende indem du die Spitze zurück entlang der Waagerechten biegst, dann lass sie los und falte einen zweiten, schrägen Knick an dessen rechter Seite.

**Autsch!** Der Supersaurus benutzte seinen langen Schwanz wie eine Peitsche, um sich gegen seine Feinde zu wehren.

**13** Heb die ganze Figur hoch und schiebe die Spitze zurück nach innen in den Körper des Dinos, sodass die Falten sich umkehren und die Spitze schräg herausschaut, indem du die Figur leicht öffnest.

**14** Falte einen Bruch nahe der Spitze und kehre diesen um, indem du das Ende um das Äußere stülpst. Dann die Spitze für eine flache Schnauze nach innen stecken.

**15** Zum Fertigstellen die Beine formen, indem du die Dreiecke entlang des Dinokörpers in der Mitte faltest, sodass die linken Ränder senkrecht verlaufen. Die Figur umdrehen und auf der anderen Seite wiederholen.

# Triceratops

Der Triceratops dürfte ein friedlicher Dino gewesen sein, aber er war groß genug, um Jäger zu verjagen! Wie du sehen wirst, wenn du diesen Dinosaurier gebastelt hast, ist das „tri" in seinem Namen der Tatsache geschuldet, dass er drei Hörner hatte. Diese waren sicherlich sehr nützlich, wenn es darum ging, seinen Erzfeind, den fantastischen und gefährlichen T-Rex, anzugreifen und abzuwehren.

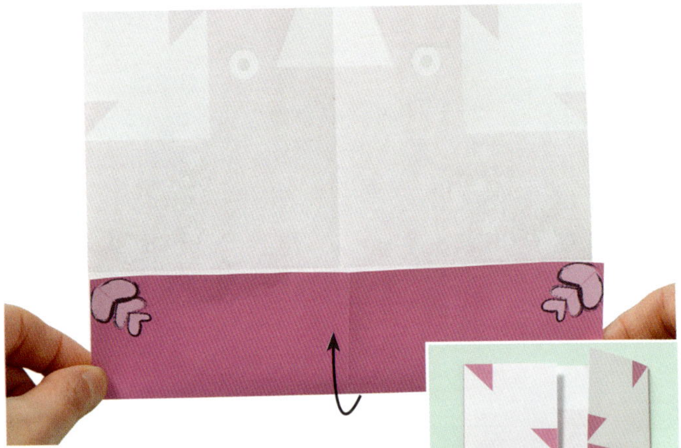

**1** Nimm das quadratische Blatt Papier (25 cm) mit Augen und falte es in der Mitte in beide Richtungen, um Brüche zu erhalten. Falte den Unterteil hinauf zum Mittelbruch und falte auch die Seiten nach innen, sodass sie sich in der Mitte treffen.

**2** Falte die oberen Ecken nach unten, sodass sie sich am Mittelbruch treffen, und knicke dann den Oberteil nach unten, um einen Bruch entlang der Unterkante dieser neuen Laschen zu erhalten.

**3** Hebe jede der dreieckigen Laschen an und ziehe jeweils die innere Ecke nach außen, sodass die Falten sich umkehren und entlang der Mitte der Figur verlaufen.

**4** Falte die Spitze nach unten, sodass sie an der Linie zwischen den diagonalen Rändern zu liegen kommt und ein Bruch entlang der Oberkante entsteht. Heb die Lasche hoch und schlage beide Kanten nach innen, sodass diese entlang des eben gemachten Bruchs verlaufen.

**5** Falte die unteren Spitzen aus Schritt 3 nach oben und außen, sodass die vorher senkrechten Kanten jetzt waagerecht verlaufen. Knicke an jeder Seite die untere Spitze nach oben, sodass die zuerst äußeren Kanten jetzt waagerecht verlaufen.

**6** Öffne die eben gemachten Knicke und ziehe die inneren Laschen heraus, während du einen Finger innen liegenlässt. Die Lasche erneut falten, sodass du den inneren Knick umkehrst, sodass eine lange Spitze mit einer neuen senkrechten Falte im Inneren entlang der Figur entsteht. Falte die Unterteile der Hauptlaschen nach oben, sodass die senkrechten Ränder nun waagerecht verlaufen.

**7** Öffne die neuen Dreiecke und falte sie von innen nach außen, sodass Dreiecke entstehen.

**8** Falte diese Dreiecke nach unten, sodass die waagerechten Kanten nun senkrecht verlaufen, bevor du diese Kanten umknickst, sodass sie entlang der schon bestehenden diagonalen Brüche verlaufen.

**9** Falte diese Laschen entlang der diagonalen Falten nach oben und falte dann die Unterseite der Figur entlang der waagerechten Kanten.

**10** Nimm das zweite Blatt Papier und falte es in beide Richtungen von Ecke zu Ecke, dann falte die unteren Seiten nach innen, sodass die unteren diagonalen Kanten entlang der Mitte des Papiers verlaufen.

**11** Öffne das Papier wieder und mach neue Brüche, indem du die oberen Ränder so einschlägst, dass die Ecken mit den Spitzen der eben gemachten Brüche in einer Linie liegen. Wieder öffnen und in der Hälfte falten.

**12** Heb das Papier hoch und falte es erneut in der Mitte, diesmal kehre aber den Hauptteil des Mittelbruchs um, sodass sich die Ränder um ihn herumlegen und oben an der Figur eine Spitze stehenbleibt.

**13** Dreh das Papier um 90° herum, dann heb die untere, rechte Ecke der Lasche an und knicke sie um zum linken Ende der Oberkante, sodass ein neuer diagonaler Bruch von der unteren Ecke aus entsteht. Das Papier umdrehen und auf der anderen Seite wiederholen.

**14** Dreh das Papier wieder um und falte die untere, rechte Spitze so, dass sie auf der oberen, linken Spitze zu liegen kommt. Wieder öffnen und erneut so falten, dass die Unterkante auf ihrer eigenen diagonalen Falte zu liegen kommt.

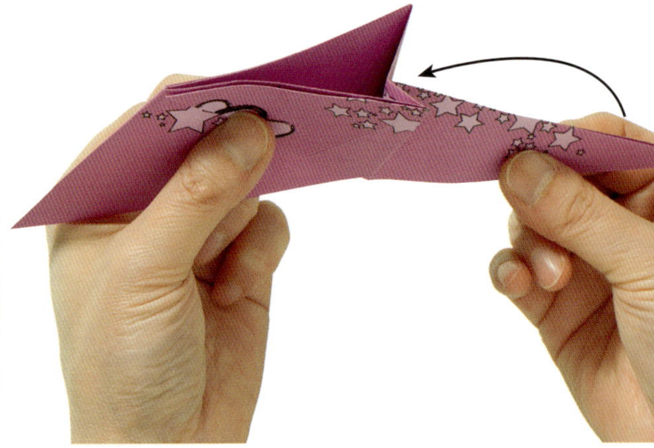

**15** Jetzt mach eine Ziehharmonikafalte aus diesen beiden Falten, indem du die lange Spitze in die Figur schiebst, um einen schrägen Schwanz zu erhalten.

**16** Falte die dreieckigen Laschen an beiden Seiten der Figur nach vorne.

**17** Schiebe die linke Spitze der Figur hinüber und öffne die Figur, sodass sie zu einer quadratischen Lasche wird, deren Spitze an der Unterkante des Papiers sitzt.

**18** Falte die dreieckige Lasche wieder zurück, sodass die diagonale Kante nun senkrecht an der Kante des Quadrats verläuft. Umdrehen und wiederholen, dann die Figur wieder umdrehen und die untere rechte Ecke des Quadrats in die obere linke Ecke falten.

**Großkopf!** Der Schädel des Triceratops konnte bis zu 2 Meter lang werden!

**19** Füge die beiden Teile zusammen. Heb das Körperteil hoch und dreh es um, sodass du den Schwanz in deiner linken Hand hältst. Die Nase des Kopfteils zeigt zum Körperteil und du schiebst die Beinfalte über die dreieckige Lasche am Rücken des Körpers, bis der Kopf sich einfügt.

**20** Halte den Körper in deiner linken Hand und drehe den Kopf zu dir, bis er im rechten Winkel zum Körper steht. Die dreieckige Lasche des Körpers sollte nun vom Kopf gehalten werden.

**21** Drück die beiden Seiten des Kopfes zusammen, um das Stück in der Hälfte zu falten. Während du das tust, biegt sich der Kopf nach oben, bis er eine neue diagonale Falte am Körper gebildet hat, wo der Kopf nun fest sitzt.

# T-Rex

Tyrannosaurus Rex ist bei Weitem der bekannteste und berühmteste aller Dinosaurier. Er war stark und grausam, gefürchtet von jedem anderen Dino. Dank seiner Schnelligkeit und seiner starken Hinterbeine war es schwer für die Beute zu flüchten. Seine tödlichen Zähne waren lang und messerscharf und verursachten tödliche Wunden bei seinen Feinden. Der längste, je gefundene T-Rex-Zahn war ganze 30 cm lang!

**1** Falte das quadratische Blatt Papier mit Augen (25 cm) von einer Ecke zur anderen hinunter entlang der Mitte des Musters, dann wieder öffnen und von einer Seite zur anderen falten. Erneut öffnen und die rechte Spitze über den zweiten Bruch falten, sodass ein neuer Knick bis zur Spitze entsteht.

**2** Falte die linke Seite nach innen, sodass die beiden Kanten miteinander abschließen, dann falte die linke Seite noch einmal um und nutze dabei die Linie, an der die beiden Kanten aufeinandertreffen, als Faltlinie.

**3** Falte die Spitze nach unten, sodass sie auf der unteren Ecke zu liegen kommt und ein horizontaler Knick entsteht.

**4** Falte die obere Lasche nach rechts, sodass die linke Kante oben entlang der Arbeit verläuft, dann knicke die Spitze nach unten, sodass die Oberkante nun nach unten entlang des Mittelbruchs verläuft.

**5** Öffne die beiden letzten Knicke und wiederhole den vorigen Schritt, beginne aber, indem du die Spitze nach links faltest.

**6** Öffne die obere Lasche, dann falte die kurzen diagonalen Kanten nach innen, sodass sie am Mittelbruch aufeinanderstoßen. Heb die linke Lasche hoch, öffne sie nach oben hin und kehre die diagonale Falte um, indem du die Falte unter die obere Lasche drückst.

**7** Falte die Spitze nach unten, sodass sie dort zu liegen kommt, wo die diagonalen Brüche sich überkreuzen, dann knicke die Spitze zurück nach oben, sodass sie oben in einer Linie mit der Oberkante der Figur liegt.

**8** Falte die Figur in der Hälfte entlang des Mittelbruchs.

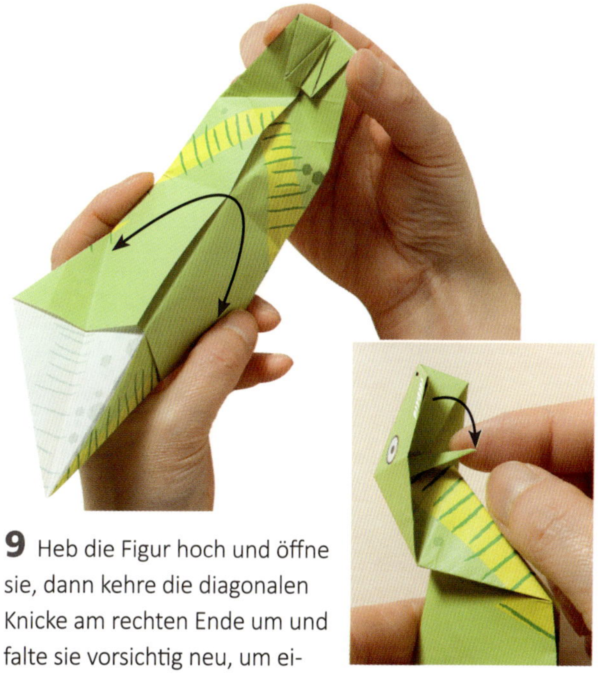

**9** Heb die Figur hoch und öffne sie, dann kehre die diagonalen Knicke am rechten Ende um und falte sie vorsichtig neu, um einen schrägen Hals zu basteln. Zieh die Spitze nach unten und streiche sie schräg glatt, um das Maul des T-Rex zu formen.

**10** Falte das lose Papier am anderen Ende in die gegenüberliegende Lasche, damit der Körper zusammenhält.

**11** Nimm das zweite Blatt Papier mit dem Muster nach oben und falte es in beide Richtungen, dann öffne es wieder und falte die Unterseite nach oben zum Mittelbruch. Falte eine Lasche in der Mitte, indem du sie wieder zurück zum unteren Rand knickst.

**12** Dreh das Papier um und falte den Unterteil hinauf zum Mittelbruch, dann klappe die obenliegende Lasche über den Mittelbruch.

**13** Falte die Seiten nach innen, sodass sie in der Mitte aufeinandertreffen, und knicke dann die unteren Ecken dieser neuen Laschen nach oben, sodass diagonale Brüche mit den Unterkanten entstehen, die jetzt entlang der Seiten der Figur nach oben führen.

**14** Heb die Hauptlasche an jeder Seite an, indem du die kleineren, dreieckigen Laschen öffnest. Dann die Hauptlaschen erneut falten und dabei die diagonalen Brüche der kleineren Laschen umkehren, sodass sie nun über die Seiten der Figur hinausstehen.

**15** Falte jetzt die beiden oberen Ecken nach unten, sodass die Oberkanten entlang der Mitte der Figur verlaufen, um zwei diagonale Brüche zu erhalten.

**16** Hebe die oberen Ecken der Figur an und schiebe sie nach innen, sodass sich die Richtung der Brüche umkehrt, und falte sie erneut, sodass der Oberteil der Figur nun aus einer einzigen Spitze in der Mitte besteht.

**17** Dreh das Papier um und falte die obere Lasche an der Spitze der Figur nach unten. Als nächstes schlage die Unterkante ein, sodass sie entlang der breitesten waagerechten Kante verläuft. Falte die äußeren Spitzen um und verwende dazu die Ziehharmonikafaltenmethode.

**18** Knicke die beiden oberen Laschen um, sodass die senkrechten Kanten nun waagerecht verlaufen. Falte die äußere diagonale Kante um, sodass diese ebenfalls waagerecht verläuft.

**Wie frech!** T-Rex hat nicht immer nur gejagt – er hat auch Fleisch von anderen Raubtieren gestohlen.

**19** Hebe die zuletzt gefalteten Laschen an und öffne sie, dann falte sie wieder in derselben Form, während du gleichzeitig die Richtung der Knicke änderst, sodass die Laschen nun nach außen stehen. Biege diese Laschen nach oben.

**20** Falte das geöffnete zweite Blatt um den Körper des Dinosauriers und stecke die Vorderecken des zweiten Blatts ins Innere des Körpers, damit die beiden Papierteile zusammenhalten.

## Über die Autoren

**Mari Ono** ist Expertin für Origami und alle Formen der Papierbastelei. In Japan geboren, lebt sie seit vielen Jahren mit ihrem Mann Takumasa, einem Künstler, in Großbritannien, wo sie beide daran arbeiten, Kunst und Handwerk aus Japan zu fördern. Ihre weiteren Bücher sind unter anderem Bestseller wie *The Simple Art of Origami, Origami for Children, More Origami for Children, How to Make Paper Planes and Other Flying Objects, Wild und Wonderful Origami, Origami for Mindfulness, und Origami Farm,* alle im CICO-Verlag erschienen.

**Hiroaki Takai** ist Origamimeister mit Sitz in Japan. 1957 in Tokio geboren, verliebte er sich als Kind in die Figuren, die er in Kunihiko Kasaharas *Origami Zoo* vorfand, und ließ sich davon inspirieren, um seine eigene, brillante Kollektion aus Dinosauriern und Tieren zu kreieren. Er ist der Autor zahlreicher Origamibücher in seiner Heimat Japan.

## Bezugsquellen

Origami-Papier ist im gut sortierten Papierhandel oder online erhältlich. Versuche, online nach „Origami-Papier" zu suchen, um eine ganze Palette an Shops zu finden, die eine weite Bandbreite an Papier verkaufen und Päckchen direkt zu dir nach Hause schicken.

### DEUTSCHSPRACHIGE SHOPS

www.wehrfritz.com
www.buttinette.com
www.amazon.de
www.origami-papier.eu
www.papierdesign.at
www.weltbild.de
www.ladenzeile.de
www.ebay.de
de.dawanda.com
www.idee-shop.com
www.modulor.de
www.paperfrog.de
www.trendmarkt24.at
www.didagoshop.at
www.manufactum.de
www.schoene-papiere.de
www.karenmarieklip.de
www.clairefontaine-de.com

## 18 Blätter Origami-Papier

1. Scutosaurus

2. Anchiceratops

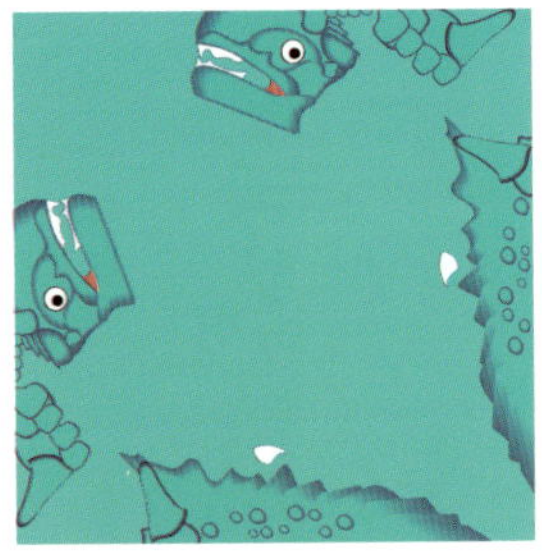
3. Dunkleosteus

4. Icaronycteris

5. Ichthyosaurus

6. Apatosaurus

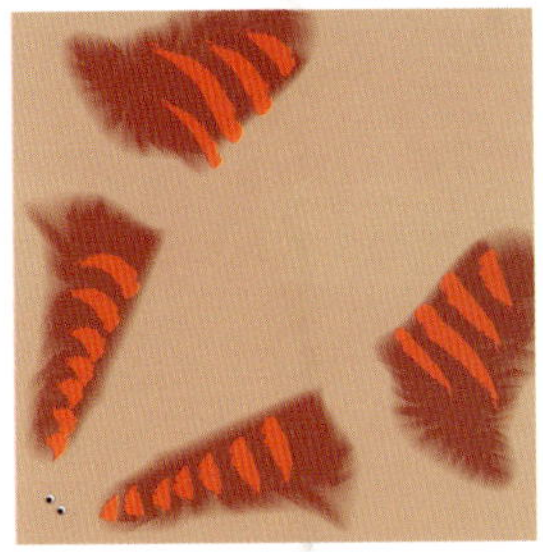
7. Apatosaurus

8. Brachiosaurus

9. Brachiosaurus

10. Mosasaurus

11. Mosasaurus

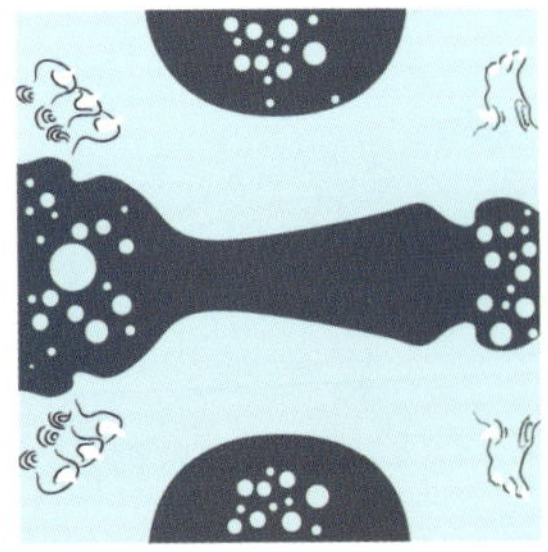
12. Velociraptor

13. Velociraptor

14. Supersaurus

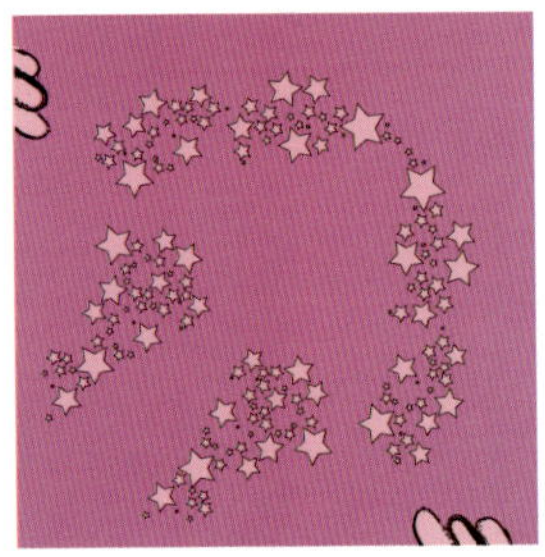
15. Triceratops

16. Triceratops

17. T-Rex

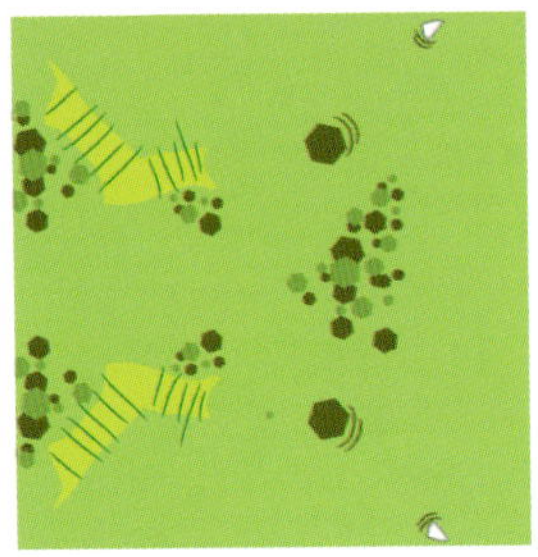
18. T-Rex

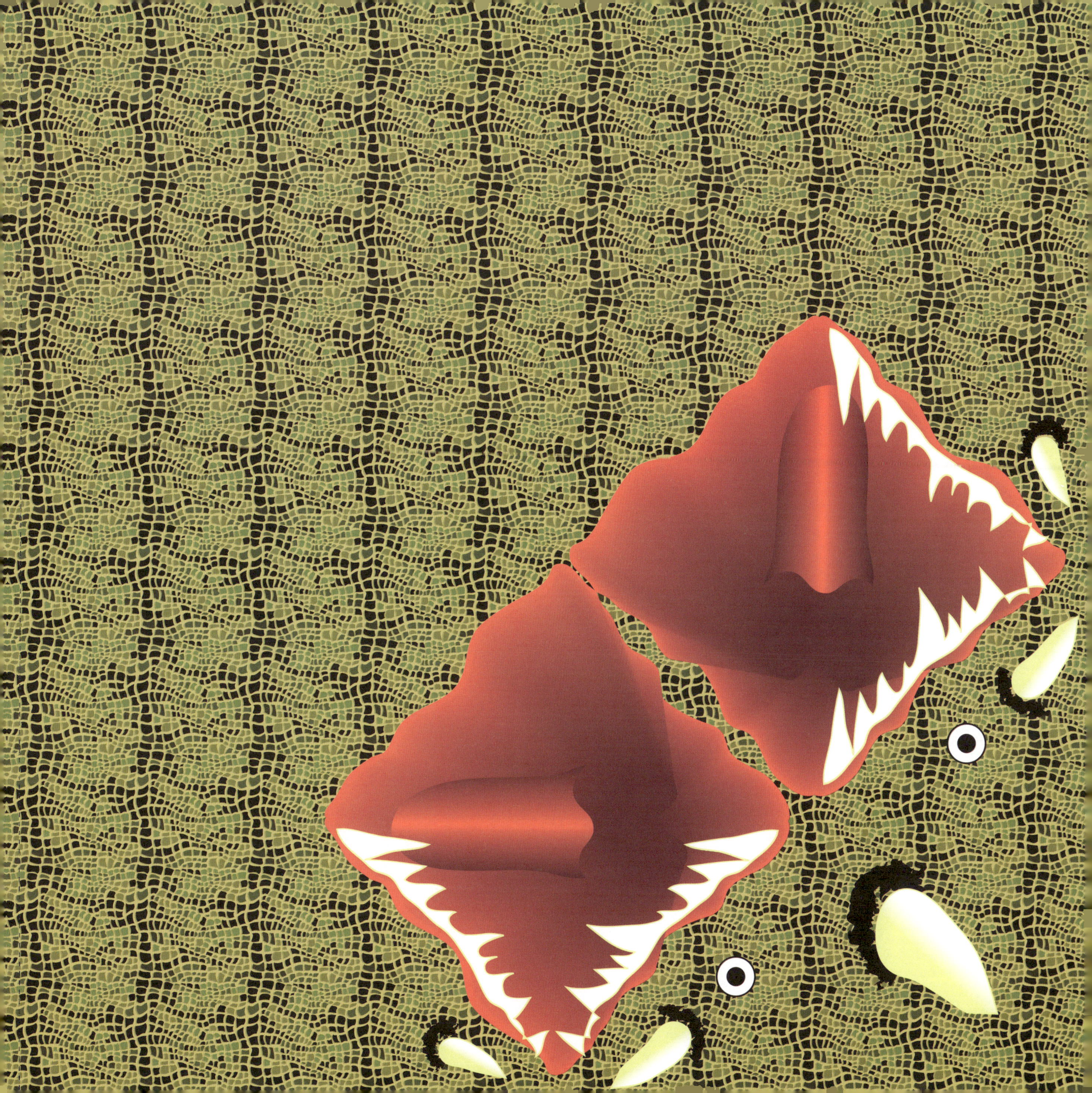

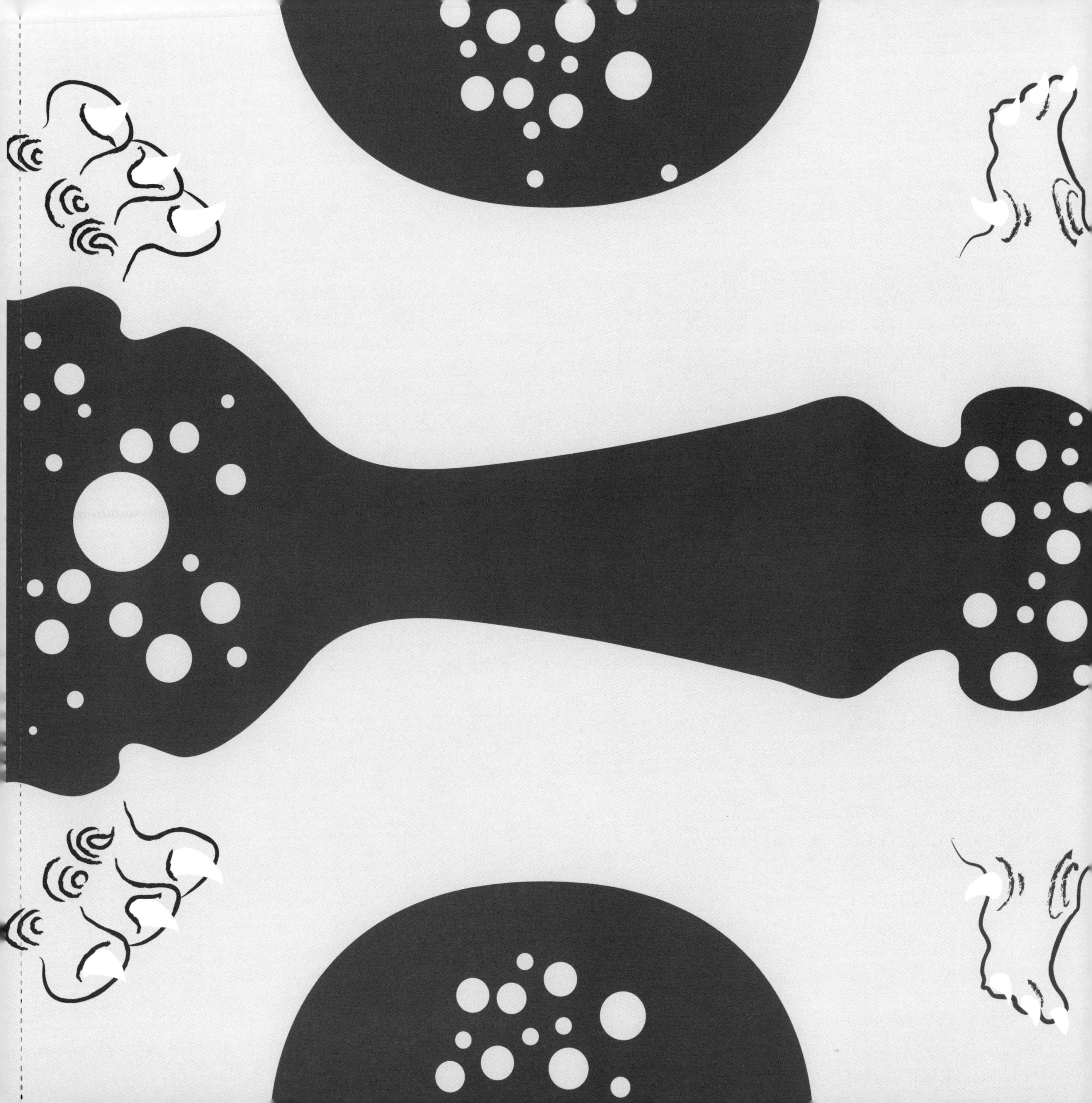

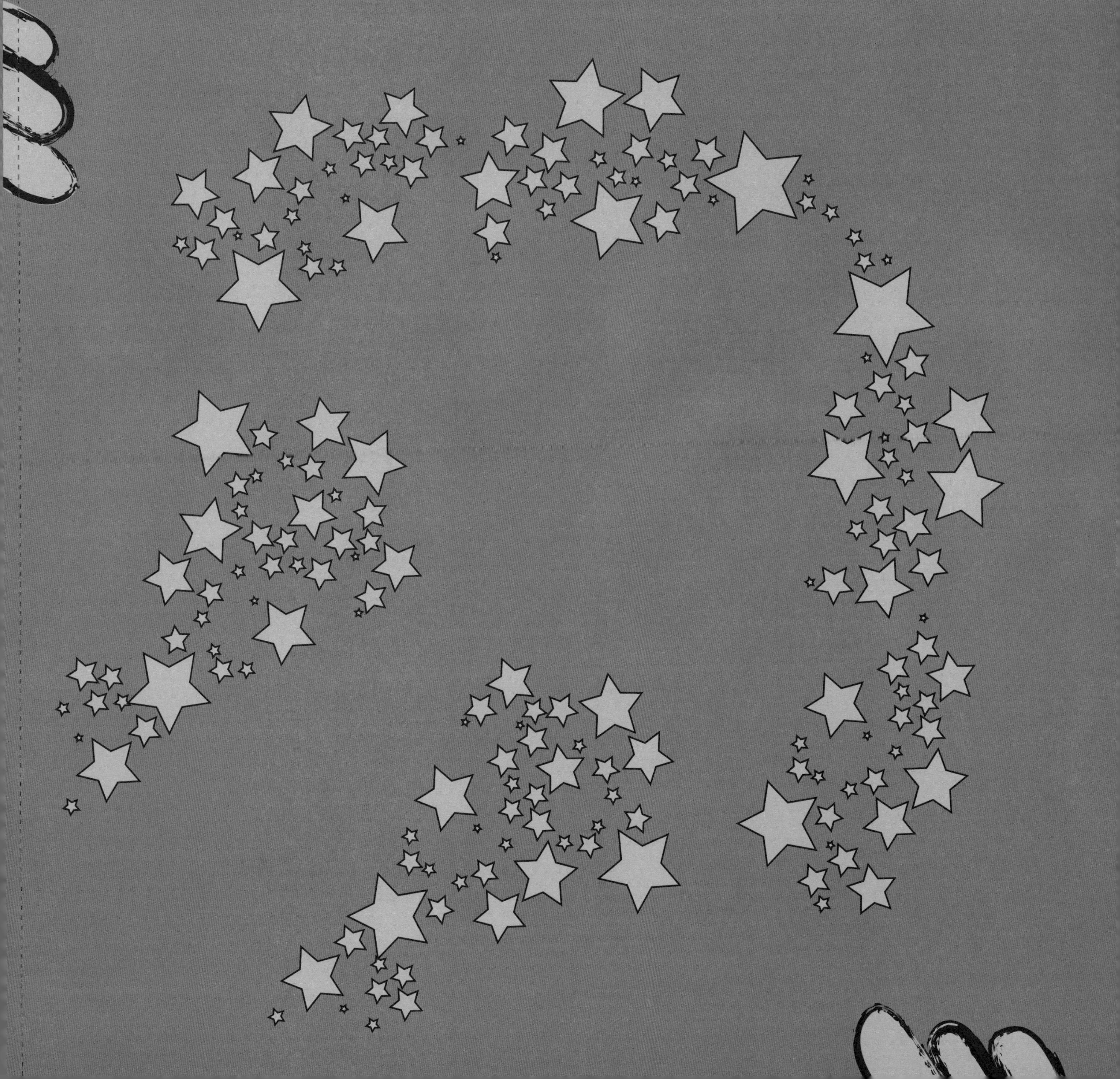